English-Swedish F

By
Sven Gustavson and
Harald Pennson

Copyright © 2014 Harald Pennson

1

When you travel, use the native language as much as you can! This book will help translate English to Swedish during your visit to Sweden! At the beginning there is a pronunciation guide to help you learn the sounds. Use the table of contents to choose the types of phrases you need. The most common words in English, including common verbs and their conjugations, are presented here. Common expressions used while traveling are shown. Each entry has a pronunciation guide to help you pronounce the words better. All the entries are numbered and there is an index to help you look for the words you need. There is also an index in Swedish!

Tycker om att lära svenska
Enjoy learning Swedish!

Sweden Names and Examples:
Say it Like a Native

Sweden	**Sverige**	*Svar-ee-ah*
Stockholm	*Stock-hohl-mm*	
Göteborg	*Yeh-teh-boor-ee*	
Lund	*Loond*	
Malmö	*Mall-meh*	
Kiruna	*Key-roon-ah*	
Storgata	**Storgata**	*stoor-gah-tah*

Table of Contents

Pronunciation guide

Knowing pronunciations of the letters will help you learn how words are pronounced.

A   ahh

B   bay

C   say

D   day

E   euh

F   eff

G   jay

H   hoh

I   eee

J   yoh

K   koh

L   ell

M   emm

N   enn

O   oo

P	pay
Q	kue
R	air
S	ess
T	tay
U	ooo
V	vay
W	doobelt-vay
X	ex
Y	eey
Z	zedt
Å	oh
Ä	eah- as in the sound yeah
Ö	ehr

Introductions

1. Welcome to Sweden!
   Välkommen till sverige
   vell-common till svarr-ee-ah.

2. Hello.   **Hallå** *Hal-loh*

3. Hi.   **Hej.**   *Hey*

4. Good morning.   **God morgon.**   *Goo morr-jun*

5. Good day.   **Bra dag.**   *Brah dog*

6. Good afternoon. **God eftermiddag.**

7. Good evening.   **God kväll.** *Goood kah-vell*

8. Good night.   **God natt.** *Goood knot.*

9. See you in the morning.
   Se dig på morgonen.

Say die poh mor-goh-nen

10. Goodbye **adjö** *ah-yeh*

11. How are you?
Hur mår du?
Hoor more doo?

12. I am well. **Jag är väl** *Yih are vell*

13. I am alright. **Jag är ok.**

14. What's new? **Vad är nytt?**

15. Nice to see you. **Trevligt att se dig.**
Treve-eh-leet att say die

16. How may I help you?
Hur kan jag hjälpa dig?
Hoor kann yih hyel-pah die?

17. Welcome. What is your name?
Välkommen. Vad heter du?

Vel kommin. Vahd hyetter doo?

18. My name is….
    Mitt namn är….. *Meet nahm-en air…*

19. Where are you from?
    Var är du från?
    Vahr air doo frah-n?

20. I come from …

    …England.
    Jeg kommer från England.

    …USA …**från USA.** *(oo-ess-ahh)*

    …Germany. **från Tyskland.**

    …Japan.   **från Japan.**

21. Excuse me.   **Ursäkta mig** *ur-shek-ta my*

22. Thank you.   **Tack**   *tahk*

23. Many thanks   **Många tack.** *Man-geh tahk.*

24. You're welcome.
Du är välkommen

25. It's nothing.   **Det är inget.**
Dey air ing-eh

26. It was nothing. **Det var inget.**

27. Please.   **Vänligen**   *Venn-lee-en*

28. Sorry.   **Sorry.**   *Sohr-reh*

Talking about Family

29. This is my family.
Det här är min familj.
Deh har air meen fam-eel-eh

30. This is my husband.
Detta är min man
Dett-tah air meen mahn

31. This is my wife.
Detta är min fru
Dett-tah air meen froo.

32. This is my son.
Detta är min son.
Dett-tah air meen soh-ehn.

33. This is my daughter.
Detta är min dotter.
Dett-tah air meen dott-erh.

34. These are my children.
Här är mina barn.

Harr air meen-ah barn.

35. We are relatives.
Vi är släkt
Vee air slekt.

36. He is from my family.
Han är från min familj.

37. She is from my family.
Hon är från min familj.

38. He is my friend.
Han är min vän
Hahn air meen venn

39. She is my friend.
Hon är min vän.

40. He is my boyfriend.
Han är min pojkvän
Hahn air meen poh-ek-venn

41. She is my girlfriend.
   Hon är min flickvän.

42. He is my father.
   Han är min far.

43. She is my mother.
   Hon är min mamma.
   Hoon air meen mah-mah.

Customs questions

44. What is your citizenship?
Vad är ditt medborgarskap?
Vah air deet mehd-boor-gerr-shkahp

45. What brings you to Sweden?
Varför kom du till sverige?
Var-fer come-err doo till svar-ee-ah?

46. I have come to visit your country.
Jag har kommit för att besöka ditt land
Yah harr come-ette fur aht beh-seh-keh deet lahnd.

47. I am here to visit the islands.
Jag är här för att besöka öarna.
Yah air harr fur aht beh-sehr-ker erh-enn-eh

48. I am here to see the midnight sun.
Jag är här för att se midnattssolen
Yah air harr fur aht say mid-nott solen.

49. We are here on our honeymoon.
Vi är här på vår smekmånad.
Vee are harr poh vore smey-k-moh-nad.

50. How long will you be staying?
Hur länge kommer du att stanna?
Hoor leng-ah kom-mer doo aht stah-nah?

51. I will be staying here for one week.
Jag kommer att stanna här i en vecka.
Yah kommer aht stah-na harr ee enn vek-kah.

two weeks... ...**två veckor**

Communications

53. Can you speak in English?
Kan du tala på engelska?
Kahn doo tah-lah poh en-gelsk-ah?

Otherwise: **Nej, jag kan inte tala engelska.**
Nay, yah kahn in-teh tah-lah eng-gelsk-ah.

54. What languages do you speak?
Vilka språk talar du?
Vill-keh sprock tah-lar doo?

55. Sorry, I do not understand.
Förlåt, jag förstår inte.
For-loht, jay fur-shtore in-the.

56. Would you repeat that?
Skulle du upprepa det?
Skool-eh dooupp-reh-peh deh?

57. Sorry, I do not speak English.
Ledsen, jag talar inte engelska.

58. Do you speak English?
Talar du engelska?
Tah-lar doo engelsk-ah?

59. Do you speak Spanish?
Talar du spanska?
Tah-lar doo spahnsk-ah?

60. Yes, I speak Spanish.
Ja, jag talar spanska.

61. Do you speak French?
Talar du franska?

62. Yes, I can speak English.
Ja, jag kan tala engelska.

Signs in storefronts and restaurants may show the words:

English spoken.   **Engelska talas**

German spoken.   **Tysk talad**

French spoken.   **Franska talas**

Common phrases

63. Yes **Ja** *yah*

64. No **Nej** *neigh*

65. Not **Inte** *in-tah*

66. Never **Aldrig** *all-dree*

67. Always **Alltid** *all-teed*

68. Please **Vänligen** *venn-lee-ehn*

69. Thank you **Tack** *tahk*

70. Help **Hjälpa** *h-yelp-ah*

71. You're welcome **Du är välkommen!** *Doo air vell-come-in*

72. Really? **Virkligen?** *Verr-klee-en*

73. Isn't it? **är inte det?** *Air in-teh deh?*

74. mistake **misstag** *miss-togg*
75. Where is? **Var är?** *Varr air?*

76. What is? **Vad some är?** *Vahd som air?*

77. When is? **Då är?** *Doh air-ar?*

78. Where is the toilet?
Var är toaletten
Vahr air toh-ehl-ett-en?

79. What is this? **Vad är detta?**
Vahd air deh-tah?

80. How much does that cost?
Hur mycket kostar det?
Hoor mick-eht kost-er deh?

81. Which direction is that?
Vilken riktning är att?
Vill-ken rikt-ning air aht?

82. What time is it?   **Hvilken tid är det?**
Vilk-en teed air deh?

83. Today   **I dag**   *ee dog*

84. Tomorrow   **I morgon**   *ee more-unn*

85. Yesterday   **I går**   *ee gore*

86. Last night   **Kväll**   *kvell*

87. Would you repeat that?
Skulle du upprepa det?

88. Do you speak English?
Talar du engelska?

89. I am a foreigner. Can you help me?
Jag är en utlänning. Kan ni hjälpa mig?
Yi air enn oot-lenning. Kahn nee huh-yelp-eh my?

Top 100 Words in written English

90.	The	**den**	*Denn*
91.	Be	**är**	*Air*
92.	To	**till**	*Till*
93.	Of	**av**	*Ahv*
94.	And	**och**	*Oh*
95.	A	**en**	*Enn*
96.	In	**i**	*ee*
97.	That	**att**	Aht
98.	Have	**ha**	*hah*
99.	I	**jag**	*yah*
100.	It	**den**	*denn*

101. For	**för**	*forr*
102. Not	**inte**	*in-tah*
103. On	**på**	*poh*
104. With	**med**	*mehd*
105. He	**han**	*Hahn*
106. As	**som**	*some*
107. You	**ni**	nee
108. Do	**göra**	*yerr-ah*
109. At	**vid**	*veed*
110. This	**detta**	*deh-tah*
111. But	**men**	*men*
112. His	**hans**	*hahns*

113. Because **eftersom** *ef-ter-shome*

114. From **från** *frow-ehn*

115. They **de** *dee*

116. We **vi** *vee*

117. Say **säga** *say-ah*

118. Her **henne** *henn-eh*

119. She **hon** *hoon*

120. Or **eller** *ell-err*

121. An **ett** *ehtt*

122. Will **kommer** *kumm-ehr*

123. My **min** *meen*

124. One **ett** *ett*

125. All	**alla**	*all-ah*
126. Would	**skulle**	*skool-eh*
127. There	**där**	*darr*
128. Their	**deras**	*der-ahs*
129. What	**vad**	*vahd*
130. So	**så**	*soh*
131. Up	**opp**	*oop*
132. Out	**ut**	*oot*
133. If	**om**	*ohm*
134. About	**ca**	*kah*
135. Who	**vem**	*vehm*
136. Get	**få**	*foh*

137. Which **vilken** *vill-kenn*

138. Go **gå** *goh*
139. Me **mig** *my*

140. When **när** *narr*

141. Make **laga** *lah-geh*

142. Can **kan** *kahn*

143. Like **behaga** *beh-hah-gah*

144. Time **tid** *teed*

145. No **nej** *nay*

146. Just **bara** *bahr-reh*

147. Him **him** *hoh-nom*

148. Know **känna** *kan-nah*

149. Take **ta** *tah*

150. People **människor** *men-nii-kor*

151. Into **in** *eenn*

152. Year **år** *oar*

153. Yours **din** *deen*

154. Truly **verkligt** *verk-leet*

155. Good **bra** *brah*

156. Some **några** *noh-grah*

157. Could **kunde** *koon-deh*

158. Them **dem** *demm*

159. See **se** *say*

160. Other **andra** *an-drah*

161. Than	**än**	*enn*
162. Then	**sedan**	*say-dahn*
163. Now	**nå**	*noh*
164. Look	**se**	*say*
165. Only	**endast**	*end-ahst*
166. Come	**komma**	*komm-ah*
167. Its	**dess**	*dess*
168. Over	**över**	*oe-vehr*
169. Think	**tro**	*trooh*
170. Also	**också**	*ohk-soh*
171. Back	**tillbaka**	*till-bahk-ah*
172. After	**efter**	*eft-her*

173. Use **använda** *ahn-ven-dah*

174. Two **två** *t-voh*

175. How **hur** *hoor*

176. Our **vår** *vore*

177. Work **arbete** *are-beh-teh*

178. First **förste** *firsht*

179. Well **väl** *vell*

180. Way **väg** *vie*

181. Even **även** *ev-venn*

182. New **ny** *nee*

183. Want **vill** *vill*

184. Because **eftersom** *eft-her-shom*

185. Any **någon** *noh-gone*

186. These **dessa** *deh-seh*

187. Give **ge** *yeh*

188. Day **dag** *dog*

189. Most **mest** *mehst*

190. Us **oss** *ohss*

Common Nouns

191. Time   **tid**   *teed*

192. Person   **person**   *per-shuhn*

193. Year   **år**   *oar*

194. Way   **väg**   *vie*

195. Day   **dag**   *dog*

196. Thing   **ting**   *ting*

197. Man   **mann**   *mahn*

198. World   **världen**   *var-ehl-dehn*

199. Life   **liv**   *leeve*

200. Hand   **hand**   *hahnd*

201. Part   **delen**   *dell-en*

202. Child **barn** *barn*
203. Eye **öga** *oeh-gah*

204. Woman **kvinna** *kuh-vin-nah*

205. Place **plats** *plahts*

206. Work **arbete** *are-beh-teh*

207. Week **vecka** *veh-keh*

208. Case **fall** *fall*

209. Point **poäng** *pooh-ang*

210. Government **regering** *rey-yer-ring*

211. Company **företaget** *fur-reh-tog-ett*

212. Group **grupp** *group*

213. Problem **problem** *prah-blem*

214. Fact **faktum** *fack-toom*

Verbs

215. **To Be   att vara**

I am   **jag är** *yih air*

You are   **du är** *doo air*

You are (plural)   **de är** *dee air*

He is **han är**   *hahn air*

She is **hon är**   *hoon air*

We are   **vi är**   *vee air*

I was **jeg var**   *yi varr*

You were   **du var**   *doo varr*

They were **de var**   *dee varr*

216. **To Have   att ha**

I have   **jag har**   *yih harr*

You have   **du har**

You have (plural)   **de har**

He has   **han har**

She has   **hon har**   *hoon harr*

We have	vi har	
They have	de har	
I had	jag hade	yi hah-deh
You had	du hadde	
They had	de hadde	dee hah-deh

217. To Do   att göre

I do	jag gör	yi yerr
You do	du gör	doo yerr
You do (plural)	de gör	
He does	han gör	
She does	hon gör	
We Do	vi gör	vee yerr
They Do	de gör	
I did	jag gjorde	yi yoor-deh
You did	du gjorde	doo yoor-deh
You did (plural)	de gjorde	
We did	vi gjorde	

They did   **de gjorde**

218. <u>To Say</u>   <u>att säga</u>

I say   **jag säger**   *yah say-err*

You say   **du säger**

You say (plural)   **de säger**

He says   **han säger**

She says   **hon säger**

We say   **vi säger**

I said   **jag sa** *yi saw*

You said   **du sa**

She said   **hon sa**

We said   **vi sa**

219. <u>To Get</u>   <u>att få</u>

I get   **jag får**   *yi fore*

You get   **du får**

He gets   **han får**

She gets	**hon får**	
We get	**vi får**	
I got	**jag fick**	*yi feek*
You got	**du fick**	
She got	**hon fick**	
We got	**vi fikk**	

220. <u>**To Make/Prepare   att förberede**</u>

I make	**jag förbereder**
	yah fur-ber-edd-er
You make	**du förbereder**
She makes	**hon förbereder**
We make	**vi förbereder**
I made	**jeg förberedde**
You made	**du förberedde**
She made	**hun förberedde**
We made	**vi förberedde**

221. To Go   att gå

I go	jag går	*yi gore*
You go	du går	
She goes	hon går	
We go	vi går	
I went	jeg gick	*yi yeek*
You went	du gick	
She went	hun gick	
We went	vi gick	*vee yeek*

222. To Know   att veta

I know	jag vet	*yi veht*
You know	du vet	
We know	vi vet	
She knows	hon vet	
I knew	jag visste	*yah veese-teh*
You knew	du visste	
We knew	vi visste	

223. <u>To Take</u>   <u>att ta</u>

I take	**jag tar**	*yi tarr*
You take	**du tar**	
We take	**vi tar**	
She takes	**hon tar**	
I took	**jag tog**	*yah toog*
You took	**du tog**	
We took	**vi tog**	

224. <u>To See / To look</u> <u>att vise</u>

I see	**jag ser**	*yi sehr*
You see	**du ser**	*doo sehr*
I saw	**jag så**	*yi soh*

225. <u>To Come</u>   <u>att komma</u>

I come /am coming	**jag kommer**

I came   **jag kom**   *yi come*

226. **To Think   att tänke**

I think   **jag tror**   *yi trore*

I thought   **jag trodde**   *yi troo-deh*

227. **To Want   att vilja**

I want   **jag vill**   *yi vill*

I would like   **jag skulle vilja**
                 yi skul-leh vil-yah

You want   **du vill**

I wanted   **jag ville**   *yi vill-eh*

228. **To Give   att ge**

I give   **Jag ger**   *yi yair*

You give   **Du ger**

She gives   **Hon ger**

We give   **Vi ger**

I gave	**Jag gav**	*yi gahv*
You gave	**Du gav**	
We gave	**Vi gav**	

229. To Use — att använda

I use	**jag använder**	*yi ahn-venn-der*
You use	**du använder**	
We use	**vi använder**	
I used	**jag använde**	*yi ahn-denn-deh*

230. To Find — att hitta

I find	**jag tycker**	*yah tick-er*
You find	**du hittar**	
I found	**jag hittade**	*yah hit-ah-deh*

231. To Tell — att tala

I tell	**jag berätter**	*yah bear-ett-er*
I told	**jeg sa**	*yah saw*

232. **To Ask**   **att be**

I ask   **jag frågar** *yah fro-ger*

I asked   **jag frågade** *yah fro-gah-deh*

233. **To Work**   **att arbetar**

I am working	**Jag arbetar** *yi are-bett-er*
It is working /it works	**Det fungerar**
You are working	**Du arbetar**
I worked	**Jag arbetade**
You worked	**Du arbetat**

234. **To Believe**   **att syne**

I seem	**Jag synes** *yi tror*
You seem	**Du tror**
I seemed	**Jeg trodde** *yi tro-deh*

235. **To Feel**   **att känna**

I feel   **Jag känner mig**   *yih kenn-er my*

You feel	**Du känner**	*doo kenn-er*
We feel	**vi känner**	
I felt	**jag kände**	*yi shahn-deh*
You felt	**du kände**	*doo shahn-deh*

236. To Try   att försöke

I try	**jag försöker**	*yih fur-sehr-ker*
You try	**du försöker**	
We try	**vi försöker**	
I tried	**jag försökte**	*yah fur-sehrk-teh*
You tried	**Du försökte**	
We tried	**Vi försökte**	

237. To Leave   att lämna

I am leaving **Jag lämnar** *yah lemm-nar*

| I left | **Jag lämnade** | *yah lemm-nah-deh* |

238. To Call   att ringe

I am calling	**Jag ringer** *yah ringer*
You call	**Du ringer**
I called	**Jag ringde** *yah ring-deh*
She called	**Hon ringde**
We called	**Vi ringde**

239. **To Become**   **att bli**

| I am becoming | **Jag blir** | *yah bleer* |
| I became | **jeg blev** | *yah blev* |

Past participle

When you want to say, I have done, or I have been, use the verb "to have" followed by a version of next verb.

I have done **Jag har gjort** *yah harr yort*

I have gotten **Jag har fått** *yah harr foht*

I have taken **Jag har tagit** *ya harr tah-geet*

I have tried **Jag har försökt** *ya har fur-sehkt*

I have been **Jag har varit** *ya harr var-eet*

I have felt **Jag har känt** *ya harr shent*

I have left **Jag har lämnat** *ya har lemm-natt*

I have worked **Jag har arbctat**

I have seen **Jag har sett** *ya har sett*

I have said **Jag har sagt** *ya harr shakt*

I have wanted **Jag har velat**

I have had **Jag har haft**

Adjectives

240. Good   **god**

241. New   **ny**

242. First   **först**

243. Last   **sista**

244. Long   **lång**

245. Great   **stor**

246. Little   **liten**

247. Own   **egen**

248. Other   **andra**

249. Old   **gammal**

250. Right   **rätt**

251. Big   **stor**

252. High   **höy**

253. Different   **annorlunda**

254. Small   **liten**

255. Large   **stor**

256. Next   **näste**

257. Early   **tidlig**

258. Young   **ung**

259. Important   **viktig**

260. Few   **några**

261. Public   **allmän**

262. Bad   **dålig**

263. Same   **samma**

264. Able   **kunna**

Prepositions

265. To   **till**

266. Of   **av**

267. In   **i**

268. For   **för**

269. On   **på**

270. With   **med**

271. At   **vid**

272. By   **av**

273. From   **från**

274. Up   **upp**

275. About   **ca**

276. Into   **in**

277. Over   **över**

278. After   **efter**

279. Beneath   **under**

280. Under   **enligt**

281. Above   **ovan**

Other Words

283. The   **den**

284. And   **och**

285. A   **en**

286. That   **det / den**

287. I   **jag**

288. It   **det / den**

289. Not   **inte**

290. He   **han**

291. As   **som**

292. You   **du**

293. This   **detta**

294. But   **men**

295. His   **hans**

296. They   **de**

297. Her hon

298. She hon

299. Or eller

300. An ett / en

301. Will vilja

302. My min

303. One ett / en

304. All alla

305. Would skulle

306. There där

307. Their deras

308. You du

309. You (plural) De

310. Me meg

311. We Vi

312. That   **Det**

313. Mine   **Min**

314. Yours   **Din**

315. More   **mer**

316. Less   **mindre**

317. Too much   **alltför mycket**

318. Too little   **altför lite**

319. A lot   **mycket**

320. Nothing   **ingenting**

321. Several   **flera**

322. Many   **många**

323. Most   **mest**

324. Least   **minst**

325. Entrance **ingång**

326. Exit **utgång**

327. Do not cross **inte korsar**

328. Danger **fara** *far-ah*

329. Forbidden **förbjuden**

330. Stop **stoppa**

331. Go / walk **gå**

332. Luggage **bagage**

333. Customs / customs house **tull**

334. Passport **pass**

335. Cash **kontanter**

336. Change **förändring**

Directions

337. Where is the beach?
Var är stranden?
Var air strahn-dehn?

338. Where is the entrance?
Var är ingången?
Var are inn-gahng-en?

339. It is that way
Det är på det sättet.
Day are poh deh sett-ett

340. How far is it to walk?
Hur långt är det att gå?

341. It is 2 kilometers
Det är två kilometer.

342. East   **öst**

343. West   **väst**

344. North   **norr**

345. South   **söder**

Hobbies and Occupations

346. I like to ride bicycles.
Jag gillar att rida cyklar.

347. I like to run.   **Jag gillar att köra.**

348. I enjoy shopping.
Jag gillar shopping.
Yi yillar shopping .

349. I enjoy traveling.   **Jag gillar att resa.**

350. I enjoy movies.   **Jag tycker om filmer.**

351. I operate a business.
Jag driver ett företag.
Yah dreevehr ett fur-eh-tahg.

352. I work in an office.
Jag arbetar på ett kontor

353. I work for a bank.
Jag arbetar för en bank.

354. I work as a lawyer.
Jag arbetar som advokat.

355. I am a doctor.
Jag är läkare.
Yah air lehk-ar-eh

356. I am an engineer.
Jag är en ingenjör.

357. I am a baker.
Jag är en bagare.

358. I am a salesperson.
Jag är en säljare.

359. I am a scientist.
Jag är en vetenskapsman.

360. I am a teacher.
Jag är lärare.

361. I am a cook.
Jag är en kock

362. I am an accountant
Jag är en revisor

363. I am a writer.
Jag är en författare

364. I am a musician.
Jag är en musiker

365. I am retired.
Jag är pensionerad.
Yi are penn-shoon-er-ahd

Academic Subjects

366. Chemistry **kemi**

367. Biology **biologi**

368. Physics **fysik**

369. Mathematics **matematik**

370. Literature **litteratur**

371. Film **film**

372. Theater **teater**

373. Dance **dans**

374. Philosophy **filosofi**

375. Health **hälse**

376. Medicine **läkemedel**

377. Psychology **psykologi**

378. Music **musik**

379. History **historia**

At the beach / waterfront

380. Is it alright if we set down here?
  Är det okej om vi satt här nere?

381. Sand   **sand**   *sahn*

382. Water   **vatten**   *vah-tenn*

383. Waves   **vågor**

384. Tide   **tide**

385. Tree   **träd**   *tread*

386. Beach Towel   **handduk**

387. Chair   **stol** *stool*

388. Swimsuit   **badedräkt**

389. Bikini   **bikini**   *bee-kee-nee*

390. Umbrella **paraply** *pa-rah-plee*

391. Glasses   **glasögon** *glass-oh-gone*

392. Sunglasses   **solglasögon**
sol- glass-oh-gone

393. Drinking fountain **dricksfontän**

394. Snack shop /treats **mellanmål butik**

395. How cold is the water?
Hur kallt är vattnet?
Hoor kalt are vatt-nett?

396. Are there any fish here?
Finns det någon fisk här?
Finns deh noh-gone fisk harr?

397. Where have all these stones come from?
Var har alla dessa stenar ifrån??
Varr harr all-leh deh-sh sten-er ee-froh-en?

398. May I stand here out of the rain?
   Kan jag stå här av regnet?
   Kahn yi stow harr avv rein-ett?

399. Olympics **OS,** or **Olympiska spelen**

400. FIFA World Cup **VM** *vay emm*

401. Football   **fotboll**

402. Kick   **spark**

403. Offside   **off side**

404. Goal   **mål**

405. Corner kick   **hörna**

406. Penalty   **straff**

407. Striker   **angripare**

408. Midfielder   **mittfältare**

409. Defender   **försvarare**

410. Goal tender   **målvakt**

411. Cross country skiing **längdskidåkning**

412. Downhill skiing   **utförsåkning**

413.Track and field   **friidrotts**

414. Volleyball   **volleyboll**

415. Gymnastics   **gymnastik**

416. Golf **golf**

417. Tennis **tennis**

418. Who do you think will win this event?
Vem tror du kommer att vinna den här händelsen?
Vemm trohr doo komm-er aht vin-neh den harr hen-dell-sehn?

419. Would you like to make a wager?
Vill du göra en insats?
Vill doo oh yore-eh enn inn-sahts?

Money Transfers

420. Would you tell me where the ATM is located?
Skulle du säga mig var ATM lokaliseras??
Skoo-leh doo say-yah my varr ah-tay-emm loke-all-ee-ser-ahs?

421. Would you tell me where the bank is located?
Skulle ni säga mig där banken är belägen?

422. Hello. I would like to make a currency exchange.
Hej. Jag skulle vilja göra en valutaväxling.
Hey. Yah skoo-leh vill-yah yerr-ah enn vahl-oot-ah-veks-ling.

423. Where is the ATM?
Var är ATM
Varr air ahh-tay-emm?

424. Would you exchange pounds for kroner?
Skulle du byta pounds för kroner?

425. What is the fee for a currency exchange?
Vad är avgiften för en valutaväxling?va er gebyret for en valutaveksling?

426. Would you give me a receipt?
Skulle du ge mig ett kvitto?

427. Tax **skatt** *skahtt*

428. Bill **fakturera** *fak-tur-er-ah*

429. Would you like to open a new account?
Vill du öppna ett nytt konto?

430. No thank you
Nej tack.

Using a hotel or hostel

431. Good evening.   **God kväll.**
   Goo kuh-velld

432. Do you have any rooms tonight?
   Har du några rum i kväll?
   Harr doo noh-grah room eek vell?

433. How many nights would you like to stay?
   Hur många nätter vill du stanna?
   Hoor mang-eh net-er vill doo stah-nah?

434. Just one night please.
   Bara en natt var god.
   Barr-eh enn knot varr goud

435. How many beds do you need'?
   Hur många sängar behöver du?
   Hoor mang-eh seng-err beh-heh-ver doo?

436. I will need a room with two beds.
   Jag behöver ett rum med två sängar

Yah beh-heh-ver ett room meh toh seng-er.

437. Do you want a double bed?
Vill du ha en dubbelsäng
Vill doo hah enn doob-bell-seng?

438. I would like a large bed.
Jag skulle vilja ha en stor säng.
Yah skoo-leh vil-yeh hah enn stoor seng.

439. Do you need two single beds?
Behöver du två enkelsängar?
Beh-heh-ver doo toh enk-ell-seng-er?

440. We only need a double bed.
Vi behöver bara en dubbelsäng.
Vee beh-heh-ver barr-eh enn doob-bell-seng

441. We need two rooms with two double beds in each.
Vi behöver två rum med två dubbelsängar i varje.
Vee beh-heh-ver toh room meh toh doob-

bell-seng-er ee var-yeh.

442. Do you have any children?
Har du några barn?
Harr doo noh-grah barn?

443. Not tonight.   **Inte ikväll.**
In-teh eek-vell.

444. There are two people in my party.
Det finns två personer i mitt parti.
Deh finns toh per-shone-er ee meet par-tee.

445. Thank you.   **Tack.**

446. Here is your key.   **Här är din nyckel**
Harr air deen nukk-ell

447. How much will that cost?
Hur mycket kommer det kosta?
Hoor mick-eht kom-mer deh kost-ah?

448. How much for one night?
Hur mycket för en natt?

Hoor mick-eht fore enn naht?

449. That will cost 1200 SEK.
Som kommer att kosta 1200 kr
Sohm kom-mer att kost-ah ett tusen toll hundre kroh-ner

450. Would you show me your passport?
Skulle du visa mig ditt pass?

451. Would you like to use a credit card?
Vill du använda ett kreditkort?

452. Yes, here is my credit card.
Ja, här är mitt kreditkort?

453. Would you give me a receipt?
Skulle du ge mig ett kvitto?

454. Here is your receipt.
Här är ditt kvitto.

455. Thank you.   **Tack.**

456. Are there any restaurants nearby?
Finns det några restauranger i närheten?

457. Do you have an internet connection I may use?
Har du en internetuppkoppling jag får använda?

458. Is there a wireless internet connection?
Är det en trådlös internetuppkoppling?

459. Hotel   **hotell**

460. Hostel   **vandrarhem**

461. Pension/B&B **pension**

462. Where is that hotel?
Var är detta hotel?

Ordering food

463. I would like to have dinner / lunch
Jag skulle vilja ha middag / lunch.
Yah skoo-leh vil-yah hah mee-dag / loonch.

464. We have four people.
Vi har fyra personer.
Vee harr feer-eh persh-owner

465. Could I see a menu?
Kunde jag se en meny?

466. …In English?
….på engelska?

467. Would you like something to drink?
Skulle du ha något att dricka?

468. Water   **vatten**

469. Sparkling water   **kolsyrat vatten**

470. Beer   **öl**   *ehl*

471. Wine   **vin**   *veehn*

472. Soda / pop   **läsk**

473. Juice   **saft**

474. Milk   **mjölk**

475. What kind of food is this made of?
Vilken sorts mat är det gjort av?
Vill-ken sorts maht air deh yort ahv?

476. Can you describe what this is?
Kan du beskriva vad det här är?

477. What kind of wine would go well with this?
Vilken typ av vin skulle gå bra med det här?

478. Meat   **kött**   *shut*

479. Beef **biff** *beef*

480. Chicken **kyckling** *shick-ling*

481. Shrimp **räka** *rekk-eh*

482. Fish **fisk** *feesk*

483. Pork **gris** *greese*

484. Salad **sallad**

485. Fruit **frukt**

486. Apple **äpple**

487. Orange **apelsin**

488. Pear **päron**

489. Banana **banan**

490. Strawberry **jordgrubbe**

491. Blueberry **blåbär**

492. Raspberry **hallon**

493. Vegetables **grönsaker**

494. Potatoes **potatis**

495. Carrots **morötter**

496. Corn **majs**

497. Beans **bönor**

498. Spinach **spenat**

499. Broccoli **brokkoli**

500. Cauliflower **blomkål**

501. Onions **lök**

502. Cheese **ost**

503. Yogurt · **yoghurt**

504. Spices · **kryddor**

505. Bread · **bröd**

506. Rice · **ris**

507. Nuts · **nötter**

508. Peanuts · **jordnötter**

509. Walnuts · **valnötter**

510. Almonds · **mandlar**

511. Shrimp   **Räkor**

512. Salmon   **Lax**

513. Potato cakes   **Raggmunk**

514. Cinnamon buns   **Kanebullar**

515. Rose hip soup   **Nyponsuppa**

516. Meatballs   **Köttbullar**

517. Small sausages   **Prinskorvar**

518. Crisp bread   **Knäckebröd**

519. Shrimp sandwich   **Räcksmörgås**

520. Pickled herring   **Surströmming**

521. Waffles   **Våfflor**

Getting around town

522. Would you call a taxi for me?
Skulle du ringa en taxi för mig?
Skoo-leh doo ring-eh enn tahxi fore my?

523. Take me to ….. please.
Ta mig till ….. vänligen.
Tah my till ….. venn-lee-enn.

524. How much is my cab fare?
Hur mycket är min hytt pris?
Hoor mick-keh are meen huet pris?

525. Would you give me some change?
Skulle du ge mig någon förändring?
Skoo-leh doo yay my noh-gone fur-en-dring?

526. What do people do for entertainment here?
Vad gör folk för underhållning här?
Vahd yerr folk fur oon-der-hall-ning harr?

527. Is there an English pub nearby?
Finns det en engelsk pub i närheten?
Feens deh enn englesk pub ee narr-hett-en?

528. I am staying at the Holiday Inn.
Jag bor på Holiday Inn.
Yah boor poh Holiday Inn.

529. I am staying at this place on the map. Can you take me there?
Jag vistas på denna plats på kartan. Kan du ta mig dit?
Yah vees-tahs poh den-ah plahts poh kart-ahn. Kahn doo tah my deet?

530. Is there a shuttle to the airport?
Finns det en shuttle till flygplatsen?

531. Is *this* a shuttle to the airport?
Är *detta* en shuttle till flygplatsen?

532. Would you help with my luggage?
Skulle du hjälp med mitt bagage?

533. How long is this flight?
Hur länge är detta flyg?

534. I need to change my airline reservation.
Jag måste ändra min flygbokning.

535. Could I move to another seat?
Kan jag flytta till en annan plats?

536. I missed my flight. Would you help me get to this destination?

Jag missade mitt flyg. Kan du hjälpa mig att komma till denna destination?

537. I have my baggage with me.
Jag har mitt bagage med mig

538. I appreciate your help.
Jag uppskattar din hjälp

When you board a bus or boat that travels between villages, you may be asked to buy the ticket to your stop, either as you climb aboard, or shortly after.

539. One ticket to Gothenburg.
En biljet till Göteborg.
Enn bill-ette till yeh-teh-boree.

540. That will cost 120 kroner.
Som kommer att kosta 120 kroner.
Some kom-mer att kost-ah ett hundreh shoo-goh kroh-ner.

541. Ok- here it is.
Ok- här är det.

Entertainment

542. Is entrance to the park free?
Är ingången till parken gratis?

543. I would like to visit the museum.
Jag skulle vilja besöka museet.

544. Just one ticket please.
Bara en biljett vänligen.

545. Two tickets for the show please.
Två biljetter till showen vänligen

546. This is where I would like to sit.
Det är där jag vill sitta.

547. Thank you. **Tack.**

Police and legal problems

548. I do not use drugs.
Jag använder inte droger.

549. I need to speak with the police.
Jag behöver prata med polisen.

550. Someone has stolen my money!
Någon har stulit mina pengar!

551. I cannot find my passport.
Jag kan inte hitta mitt pass.

552. I cannot find my phone.
Jag kan inte hitta min telefon.

553. Someone has taken my phone.
Någon har tagit min telefon.

554. I do not have any money.
Jag har inga pengar.

555. I am a British citizen.
Jag är en Brittisk medborgare.

556. You must go to the police station to report what happened.
Du måste gå till polisstationen för att rapportera vad som hände.

557. Where is the British embassy?
Där är den brittiska ambassaden?

558. I need to speak with a lawyer.
Jag behöver tala med en advokat.

559. I need to speak with someone at my embassy.
Jag behöver prata med någon på min ambassad.

560. Security **säkerhet**

561. Criminal **kriminell**

562. Jail   **fängelse**

563. Police   **polis**

564. Police station   **polisstation**

Weather: Väder

565. It is too hot   **det är för varmt**

566. It is too cold   **det är för kallt**

567. It is raining   **det regnar**

568. It is overcast   **det är molnigt**

569. It is sunny   **det är soligt**

570. It is windy   **det är blåsigt**

571. It is humid   **det är fuktigt**

572. Umbrella   **paraply**

573. Shelter   **skydd**

574. What is the temperature?
    Vilken är den temperature?

575. What is the forecast tomorrow?
Vad är prognosen i morgon?

576. Do you expect rain today?
Förväntar du dig regn idag ?

577. Do you know when this rain will end?
Vet du när det regnar kommer att sluta?

578. It is such a nice day today!
Det är en så fin dag idag!
Deh air enn soh feen dog ee dog!

Time: Tid

579. What day is it today?
Vad är det för dag idag?

580. Monday   **måndag**

581. Tuesday   **tirsdag**

582. Wednesday   **onsdag**

583. Thursday   **torsdag**

584. Friday   **fredag**

585. Saturday   **lördag**

586. Sunday   **söndag**

587. What time is it?   **Vilken tid är det?**

588. What is the date?
Vad är det för datum?

Counting / Numbers

589. One   **ett**   *ett*

590. Two   **två**   *t-voh*

591. Three   **tre**   *tray*

592. Four   **fyra**   *feer-ah*

593. Five   **fem**   *fem*

594. Six   **sex**   *sex*

595. Seven   **sju**   *shoe*

596. Eight   **åtta**   *ah-teh*

597. Nine   **nio**   *knee-oh*

598. Ten   **tio**   *tee-oh*

599. Eleven   **elva**   *ell-vah*

600. Twelve **tolv** *toll-v*

601. Thirteen **tretton** *trett-unn*

602. Fourteen **fjorton** *fee-yort-unn*

603. Fifteen **femton** *femm-tunn*

604. Sixteen **sekston** *sex-tunn*

605. Seventeen **sjutton** *shoott-unn*

606. Eighteen **arton** *are-tunn*

607. Nineteen **nitton** *neet-tunn*

608. Twenty **tjugo** *shoe-goh*

609. Thirty **trettio** *trett-ee*

610. One hundred **hundra**

611. One thousand **ettusen**

612. Ten thousand **tio tusen**

613. One million **miljoner**

614. One billion **en miljard**

615. One quarter **kvart**

616. One half **en halv**

617. One tenth **en tiondel**

618. One percent **en procent**

Units of time

619. Minutes **minuter** *meen-noo-tehr*

620. Hours **timmar** *teem-arr*

621. Days **dagar** *dog-arr*

622. Weeks **veckor** *veck-oorr*

623. Months **månader** *moh-nah-der*

624. Years **år** *oar*

Clothing

625. I need to put on my clothes.
Jag måste ta på mig kläderna.

626. I am putting on my clothes.
Jag sätter på mig mina kläder.

627. I am naked.   **Jag är naken**

628. I am not ready.   **Jag är inte redo**

629. I am dressed. **Jag är klädd.**

630. Where are my clothes?
Var är mina kläder?

631. Hat   **hatt**

632. Sandals   **sandaler**

633. Shoes   **skor**

634. Pants **byxor**

635. Shorts **kortbyxor**

636. Shirt **skjorta**

637. Blouse **blus**

638. Skirt **kjol**

639. Dress **klänning**

640. Bathing suit **baddräkt**

641. Socks **strumpor**

642. Scarf **halsduk, scarf**

643. Jacket **jacka**

644. Coat **kavaj**

645. Sweater **tröja**

646. Diaper **blöja**

647. Underwear **underkläder**

648. Bra **behå**

649. Panties **trusor**

650. Briefs **kalsonger**

651. Necklace **halsband**

652. Ring **ring**

653. Earrings **örhängen**

654. Bracelet **armband**

Personal items and hygiene

655. Would you help me find this?
     Skulle du hjälpa mig att hitta denna?

656. Soap   **tvål**

657. Shampoo   **schampo**

658. Hairbrush   **hårborste**

659. Toothbrush   **tandborste**

660. Dental floss   **tandtråd**

661. Deodorant   **deodorant**

662. Towel   **handduk**

663. Tissue paper   **sjukpapper**

664. Bathrobe   **morgonrock**

665. Tampon **tampongen**

666. Panty liner **trosskydd**

667. Birth control **födelsekontroll**

668. Perfume **parfym**

669. Razor **rakkniv**

670. Shaving cream **rakkräm**

671. Skin moisturizer **hudkräm**

Telephone and Internet

672. May I use your phone?
Kan jag använda telefonen?

673. It is for a local call.
Det är för ett lokalsamtal.

674. Would you call this number for me?
Skulle du ringa detta nummer för mig?

675. My phone is not working. Would you help me?
Min telefon fungerar inte. Vill du hjälpa mig?

676. My phone service company is…
Min telefon serviceföretag är…

677. Operator, can you help me place a call to this number? The country code is …
Operatör, kan du hjälpa mig palce ett samtal till detta nummer? landskoden är …

678. The phone number is …
Telefonnumret är

679. My internet service is not working. How can I get internet on my phone?
Mitt internet-tjänst fungerar inte. Hur kan jag få internet på min telefon?

680. Do you have a prepay phone I can use?
Har du en förskottsbetalning telefon jag kan använda?
Harr doo enn fur-skotts-beh-tahl-ning telephone yah kahn ahn-venn-dah?

681. I need my phone to make international texts and phone calls.
Jag behöver min telefon för att göra internationella texter och telefonsamtal.

682. Can you help me access the internet on my phone?
Kan ni hjälpa mig att komma åt internet

på min telefon?

683. Is there wireless internet here? I would like to use it on my phone.
Finns det trådlöst internet här? Jag skulle vilja använda den på min telefon.
Feens deh trode-lest in-ter-nett harr? Yah skoo-leh vill-yah ahn-venn-dah den poh meen telephone.

684. What is the internet password?
Vad är internet lösenord?
Vahd air internet luss-en-oord?

685. Email   **e-post**

686. Keyboard   **tangentbord**

687. Social media   **sociala medier**

688. Intenet website   **webbplats på Internet**

Shopping

689. I am just looking.
Jag är bara ute.
Yah air bar-ah oo-teh.

690. I am shopping for something for myself.
Jag handlar för något för mig själv.

691. How much does this cost?
Hur mycket kostar det?

692. This is very nice.
Detta är mycket trevligt.

693. I am looking for a gift.
Jag söker en gåva.

694. It is for a man.
Det är för en man.

695. It is for a lady.
Det är för en kvinna.

696. It is for a girl. **Det är för en tjej.**

697. It is for a boy. **Det är för en pojke.**

698. May I try this on?
Kan jag prova det här på?

699. Is there a larger size?
Är det en större storlek?

700. Is there a smaller size?
Är det en mindre storlek?

701. May I pay for this with a credit card?
Kan jag betala för detta med ett kreditkort?

702. May I have a receipt?
Kan jag få ett kvitto?

703. May I exchange this for something different?
Kan jag byta ut det till något annat?

704. Is there a sale in this store?
Finns det en försäljning i den här butiken?

705. Is this item at a discounted price?
Är denna post till ett rabatterat pris?

706. Would you haggle for a better price?
Skulle du pruta för ett bättre pris?

707. Can I return this if I do not like it?
Kan jag tillbaka här om jag inte gillar det?

Medical Center and Pharmacy

708. I have pain here.
Jeg har ont här.

709. It has been 3 hours.
Det har varit tre timmar.

710. This is not normal for me.
Detta är inte normalt för mig.

711. I need my medicine.
Jag behöver min medicin.

712. I do not have my medicine.
Jag har inte min medicin.

713. This is a list of my medicines.
Detta är en lista över mina mediciner.

714. I have allergies   **Jag har allergier.**

Common conditions:

715. I have asthma. **Jag har astma**

716. I have high blood pressure
Jag har högt blodtryck.

717. I have diabetes mellitus
Jag har diabetes mellitus.

718. I have arthritis.   **Jag har artrit.**

719. I am pregnant.   **Jag är gravid.**

720. I have epilepsy.
Jag har epilepsi.

Parts of the body

721. Head **huvud** *hoo-vood*

722. Eyes **ögon** *oeh-gone*

723. Ears **öron** *uhr-on*

724. Mouth **mun** *moon*

725. Nose **näsa** *ness-ah*

726. Tongue **tunga** *toong-eh*

727. Neck **hals** *hahls*

728. Back **rygg** *rig*

729. Arm **arm** *arm*

730. Leg **ben** *behn*

731. Hand **hand** *hahnd*

732. Foot **fot** *foot*

733. Skin **hud** *houde*

734. Stomach / abdomen **mage** *mogg-eh*

735. Fingers **fingrar** *fing-er-rar*

736. Hair **hår** *hore*

737. Toes **tår** *tore*

738. Eyebrows **ögonbryn**

739. Beard **skägg**

740. Moustache **mustasch**

741. Blond **blond**
742. Brown **brun**
743. Black **svart**
744. Red **röd**

Questions for the pharmacist

745. Do you have any medicine for nausea?
Har du någon medicin mot illamående?

746. Do you have any medicine for headache?
Har du någon medicin för huvudvärk?

747. What kind of treatment is there for the cold?
Vilken typ av behandling är det för kallt?

748. Have you any allergy treatment?
Har du någon allergi behandling?

749. Do you have a medicine similar to this?
Har du en medicin som liknar detta?

Names of stores / business locations

750. Supermarket   **stormarknad**

751. Food market   **matmarknad**

752. Convenience store
närbutik
Narr boo-teek

753. Gas station   **bensinstation**

754. Pharmacy   **apotek**

755. Medical clinic   **medicinsk klinik**

756. Hospital   **sjukhus**

757. Clothing store   **klädaffär**

758. Telephone shop   **telefon butik**

759. Bank **bank**

760. Tobacconist **tobaksaffär**

761. Pastry shop **konditori**

762. Gift shop **presentbutik**

763. Rental car agency **hyrbil byrå**

764. Travel agency **resebyrå**

765. Tourist information
turist informerar

766. Taxi **taxi**

767. Bus station **busstationen**

768. Airport **flygplats**

769. Customs **tull**

770. Police station **polisstation**

112

Emotions

771. I am …   **Jag är…**

772. I feel…   **Jag käner mig…**

773. Angry   **arg**

774. Sad   **ledsen**

775. Happy   **lycklig**

776. Depressed   **deprimerad**

777. Sick   **sjuk**

778. Tired   **trött**

779. Hungry   **hungrig**

780. Thirsty   **törstig**

781. Hangover   **baksmälla**

Colors

782. Red   **röd** *ruh-ehd*

783. Blue   **blå** *blow*

784. Yellow   **gul** *gool*

785. Green   **grön** *grunn*

786. Orange   **orange** *orah-nge*

787. Purple   **purpur** *pur-pur*

788. White   **vit** *veet*

789. Black   **svart** *sv-art*

790. Grey   **grå** *grow*

791. Brown   **brun** *brunn*

Using the Toilet / WC

792. Where is the shower?
Var är duschen?
Varr are doo-shin?

793. Where is the toilet?
Var är toaletten?
Varr are toh-ahl-ett-en?

794. Urinate   **urinera** *oor-inn-er-ah*

795. Defecate   **avföring**

796. Toilet tissue   **toalettpapper**

797. Flush the toilet   **spola toaletten**

798. Wash your hands   **tvätta händerna**

799. It's broken   **den är trasig**

   It's fixed   **det är fast**

800. That smells bad   **som luktar illa**

Conversation Samples

801. What is your favorite film?
Vilken är din favoritfilm?

802. What kind of film do you like?
Vilken typ av film gillar du?

803. I enjoy comedies.
Jag tycker om komedier.

804. I like Coen brothers movies, such as Fargo and The Big Lebowski.
Jag gillar bröderna Coen filmer, såsom Fargo och The Big Lebowski.

805. I like Ingmar Bergman films.
Jag gillar Ingmar Bergmanfilmer.

806. I enjoy action films.
Jag gillar actionfilmer.

807. I like romantic comedies, such as "Love, Actually".
Jag gillar romantiska komedier, som "Kärlek, faktiskt".

808. My favorite movie is "Titanic".
Min favoritfilm är "Titanic".

809. How many times have you seen that movie?
Hur många gånger har du sett den filmen?

810. I have seen it only once.
Jag har sett den en gång.

811. I have seen it more than 10 times.
Jag har sett det mer än 10 gånger.

812. What kind of books do you like to read?
Vilken typ av böcker tycker du om att läsa?

813. I do not read very often.
Jag läser inte så ofta.

814. I like to read mystery novels.
Jag gillar att läsa mystik romaner.

815. I enjoy reading biographies.
Jag tycker om att läsa biografier.

816. My favorite book is "To Kill a
Mockingbird" by Harper Lee.
**Min favoritbok är "To Kill a
Mockingbird" av Harper Lee.**

817. What do you do when you are on vacation?
Vad gör du när du är på semester?

818. Sometimes I stay home to read.
Ibland stannar jag hemma för att läsa.

819. I enjoy going into the country and relaxing.
**Jag tycker om att gå in i landet och
avkopplande.**

820. Do you stay at your cabin?
Vill du bo på din stuga?

821. Yes, my family has a cabin. We go fishing, we make food, and we get away from the city.
Ja, min familj har en stuga. Vi fiska, vi gör mat, och vi komma bort från staden.

822. I enjoy following my football club.
Jag tycker efter min fotbollsklubb.

823. My football club is Manchester United.
Min fotbollsklubb är Manchester United.

824. I like to cross country ski.
Jag gillar att längdåkning.

825. How many countries have you visited?
Hur många länder har du besökt?

826. I have visited only 2 or 3 countries.
Jag har besökt endast 2 eller 3 länder.

827. Which countries have you visited?
Vilka länder har du besökt?

828. I have been to UK and Denmark.
Jag har varit i England och Danmark.

829. I have been to France.
Jag har varit i Frankrike.

830. I have never been away from Sweden before.
Jag har aldrig varit borta från Sverige tidigare.

831. I have never left the US before now.
Jag har aldrig lämnat USA innan nu.

832. I have been to many countries.
Jag har varit i många länder.

833. If you could visit anywhere in the world, where would that be?
Om du kunde besöka var som helst i världen, var skulle det vara?

834. What is your goal after school?
Vad är ditt mål efter skolan?

835. What would you like to do when you grow up?
Vad vill du göra när du blir stor?

836. Do you enjoy your job?
Tycker du om ditt jobb?

837. What kind of job would you rather do?
Vilken typ av jobb skulle du hellre göra?

838. I would rather be a politician.
Jag skulle hellre vara en politiker.

839. When do people finish school in Sweden?
När vi människor slutar skolan i Sverige?

840. Almost everyone goes to school until age 19.
Nästan alla går till skolan fram till 19 års ålder.

841. How often do Swedes go to the University?
   Hur ofta är svenskar går till universitetet?

842. About 25% attend college after secondary school.
   Cirka 25% gå på college efter gymnasiet.

843. Is it common for immigrants to come to Sweden?
   Är det vanligt att invandrare att komma till Sverige?

844. There are many immigrants from Poland, Iraq, Iran, Germany, Turkey and Pakistan.
   Det finns många invandrare från Polen, Irak, Iran, Tyskland, Turkiet och Pakistan.

845. Is it difficult to become a Swedish citizen?
   Är det svårt att bli svenska medborgare?

846. In order to become a Swedish citizen, one must live here several years and study the language.

För att bli en Svensk medborgare, måste man bo här flera år och studera språket.

847. If you could be born in a different time, which time would that be?
Om du kunde vara född i en annan tid, då skulle det vara?

848. Ancient Greece or Rome.
Antikens Grekland eller Rom.

849. The middle ages.
Medeltiden.

850. The Renaissance.   **Renässansen.**

851. The time of the French revolution.
Tiden för den franska revolutionen.

852. The 19th century.   **Den 19-talet.**

853. Before World War 2
Före andra världskriget 2

854. Now is fine with me.
Nu är bra med mig.

855. Ten years from now.
Tio år från nu.

856. Do you care about the environment?
Bryr du dig om miljön?

857. What do you do to keep the environment
healthy?
Vad gör du för att hålla miljön hälsosamt?

858. Where does the trash go in Sweden?
Vart tar soporna går i Sverige?

859. Do you recycle in Sweden?
Har du återvinna i Sverige?

860. How many people own a car in Sweden?
**Hur många människor äger en bil i
Sverige?**

861. I have heard that the price of gasoline is higher in Sweden. How much is a gallon of gas?

Jag har hört att priset på bensin är högre i Sverige. Hur mycket är en gallon gas?

862. There are 3.4 liters in a gallon. Therefore, one gallon of gas costs about 52 kroner, which is about $8.50.

Det finns 3.4 liter i en gallon. Därför kostar en gallon gas cirka 48 kronor, vilket är ungefär $ 7.

863. How much does gasoline cost where you come from?

Hur mycket bensin kostnad var du kommer ifrån?

864. In the USA, gas costs about $3 per gallon.

I USA kostar gas omkring $ 3 per gallon.

865. Why is Sweden so expensive?

Varför är Sverige så dyrt?

866. Taxes are higher in Sweden, and things that are imported have a duty.
Skatter är högre i Sverige, och det som importeras har en skyldighet.

867. It is expensive to live in Sweden, but people have higher incomes.
Det är dyrt att leva i Sverige, men folk har högre inkomster.

868. How do people in Sweden live with disabilities?
Hur människor i Sverige lever med funktionshinder?

869. Social support programs help pay for housing, food and transportation.
Sociala stödprogram hjälpa betala för boende, mat och transporter.

870. Sometimes, people take advantage of these programs.
Ibland människor dra nytta av dessa

program.

871. Sweden is fortunate to be a wealthy country that cares dearly for the well-being of its people.
Sverige är lyckligt lottade att vara ett rikt land som bryr sig dyrt för välbefinnande av dess folk.

872. What are the largest companies in Sweden?
Vilka är de största företagen i sverige?

873. Nordea, Volvo, Handelsbanken, TellaSonera, Swedbank, H&M, Skanska, Ikea, etc.

874. Who is your favorite American president?
Vem är din favorit amerikansk president?

875. I do not know any American presidents.
Jag vet inte några amerikanska presidenter.

876. I liked President Clinton.
Jag gillade president Clinton.

877. I enjoyed President Bush.
Jag njöt av president Bush.

878. Which one? The father or the son?
Vilken? Fadern eller sonen?

879. I think the father / the son was the better president.
Jag tror att pappan / sonen var bättre president.

880. I like President Obama.
Jag gillar president Obama.

881. Do Swedes need to serve in the Army?
Har svenskar behöver för att tjäna i armén?

882. Yes, Swedish men must be prepared to serve in the Army, although participation is voluntary.

Ja, svenska män måste vara beredda att tjänstgöra i armén, även om deltagandet är frivilligt.

883. How long is the training in the Army?
Hur lång är utbildningen i armén?

884. It depends on what kind of service the soldier will do.
Det beror på vilken typ av tjänst soldaten kommer att göra.

885. What kinds of things do people do in the Swedish Army?
Vilka typer av saker vi människor gör i den svenska armén?

886. They learn to defend the country and sometimes they serve on peacekeeping missions.
De lär sig att försvara landet och ibland de tjänar på fredsbevarande uppdrag.

887. What is your favorite place in Sweden?
Vad är din favoritplats i sverige?

888. There are many famous Swedish athletes. Why is that?
Det finns många kända svenska idrottare. Varför är det?

889. Swedes enjoy recreational sports, and there special school programs to help athletes develop.
Svenskar tycker om fritidsverksamhet, och det finns särskilda skolprogram för att hjälpa idrottare att utveckla.

890. What is your favorite Swedish food?
Vad är din favorit svensk mat?

891. What did you enjoy most about your trip to Sweden?
Vad tyckte du mest om resan till sverige?

Index

be	är	91
beach	strand	337
beans	bönor	497
beard	skägg	739
because	eftersom	113
bed	säng	435
beef	biff	479
beer	öl	470
beneath	enligt	280
bicycle	cykel	346
big	stor	251
bill	fakturera	428
black	svart	743
blond	blond	741
blouse	blus	637
blue	blå	783
blueberry	blåbär	491
bread	bröd	505
broccoli	brokkoli	499
brown	brun	742
business	företag	351
but	men	111
by	av	272
cabin	stuga	821
car	bil	860
card	kort	
carrots	morötter	495
case	fall	208
cash	kontanter	335
cauliflower	blomkål	500
chair	stol	387
change	förändring	336
change	förändring	525

cheap	billig	
cheese	ost	502
chemistry	kemi	366
chicken	kyckling	480
city	stand	821
clothes	kläderna	625
cloudy	molnigt	568
coat	kavaj	644
cold	kallt	395
cold	kallt	566
common	vanligt	843
cook	kock	361
corn	majs	496
could	kunde	157
country	länd	826
credit card	kreditkort	452
customs	tull	333
customs	tull	769
danger	fare	328
dark	mörk	
date	datum	588
daughter	dotter	33
days	dager	624
degrees	grader	
depressed	deprimerad	776
diaper	blöja	646
different	annorlunda	253
difficult	vanskelig	846
discount	rabatt	705
doctor	läkare	355
dress	kjol	638
early	tidlig	257
earrings	örhängen	653

ears	öron	723
east	öst	342
entertainment	underhållning	526
entrance	ingaang	325
environment	miljö	857
evening	kväll	86
event	händelsen	418
example	såsom	804
exchange	byta	424
exit	utgång	326
expensive	dyrt	865
eyes	ögon	722
fact	faktum	214
family	familj	29
far	långt	340
father	far	42
few	några	260
finish	sluta	577
first	först	242
fish	fisk	482
flight	flyg	533
food	mat	
foot	fot	732
for	för	268
for	för	101
forbidden	förbjuden	329
foreigner	utlänning	89
free	gratis	542
Friday	fredag	584
friend	vän	39
from	från	114
fruit	frukt	485
gasoline	bensin	753

glasses	glasögon	391	
good	bra	155	
good	god	240	
gov't	regering	210	
great	stor	245	
green	grön	785	
grey	grå	790	
group	grupp	212	
hair	hår	736	
half	halv	616	
hand	hand	731	
hangover	baksmälla	781	
happy	lycklig	775	
hat	hatt	631	
have	ha/har	98	
he	han	105	
head	hode	721	
health	hälse	375	
her	henne	118	
hi	hej	3	
high	höy	252	
his	hans	112	
hot	varmt	565	
hours	timer	623	
housing	boende	869	
hungry	hungrig	779	
husband	man	30	
I	jag	99	
if	om	133	
immediately	omedelbart		
immigrant	invandrare		843
important	viktig	259	
in	i	96	

in	i	267
income	inkom	867
interest	intresse	
into	in	151
it	den	100
jacket	jacka	643
jail	fängelse	562
juice	saft	473
just	bara	146
key	nyckel	446
kick	spark	402
kinds	typ	802
know	känna	148
large	stor	255
last	sista	243
lately	nyligen	
lawyer	advokat	354
left	vänster	
leg	ben	730
less	mindre	316
life	liv	199
light	ljus	
little	liten	246
long	lång	244
lucky	lycklig	
luggage	bagage	332
made	gjort	475
many	maanga	322
	många	
many times	gånger	809
map	karta	
meat	kött	478
medicine	medicin	712
menu	meny	465

milk	mjölk	474
minutes	minutter	622
mission	mission	
mistake	misstag	74
Monday	måndag	580
money	pengar	
months	maneder	626
most	mest	189
mother	mamma	43
mouth	mun	724
movie	film	350
my	min	123
nearby	närhete	456
neck	hals	727
never	aldrig	66
never	aldrig	
new	ny	182
new	ny	241
next	näste	256
nice	trevligt	15
nice	fin	578
night	natt	8
no	nej	64
north	norr	344
nose	näsa	725
not	inte	65
not	inte	102
nothing	ingenting	320
nothing	ingenting	
now	nå	163
nuts	nötter	507
of	av	93
of	av	266

office	kontor	352
often	ofta	813
old	gammal	249
on	på	103
one	ett	124
one time	en gång	810
onions	lök	501
only	endast	165
or	eller	120
or	eller	299
orange	apelsin	487
other	andra	160
other	andra	248
our	vaar	176
out	ut	132
own	egen	247
page	sida	
pain	ont	708
pants	byxor	634
paper	papper	796
part	delen	201
passport	pass	334
peanuts	jordnötter	508
pear	päron	488
penalty	straff	406
people	människor	150
people	människor	
people	folk	
persons	personer	464
pharmacy	apotek	754
place	plats	529
please	vänligen	68
point	poäng	209

138

police	polis	549
pork	gris	483
possible	möjlig	
potatoes	potatis	494
pregnant	gravid	719
problem	problem	213
public	allmän	261
purple	purpur	787
quarter	kvart	615
quarter hour	kvart	
rain	regn	398
raspberry	hallon	492
really	virkligen	72
receipt	kvitto	426
recycle	återvinna	859
red	röd	744
relatives	släktingar	35
rental car	hyrbil	763
retired	pensionerad	365
rice	ris	506
right	rätt	250
right	höger	
sad	ledsen	774
salad	sallad	484
sale	försäljning	704
salesperson	säljare	358
salmon	lax	512
same	samma	263
sand	sand	381
Saturday	lördag	585
say	säga	117
scarf	halsduk	642
school	skola	840

139

science	vetenskap	
security	säkerhet	560
service	tjänst	884
set	satt	380
several	flera	321
shampoo	schampo	657
she	hon	119
shelter	skydd	573
shoes	skor	633
shop	butik	348
shower	dusch	792
shrimp	räka	481
shrimp	Räkor	511
sick	sjuk	777
side	sida	
similar	liknar	749
ski	ski	411
skin	duk	733
small	liten	254
smell	lukt	800
so	så	130
soap	tvål	656
soda	läsk	472
some	några	156
son	son	32
sorry	sorry	28
south	söder	345
speak	talar	88
spices	kryddor	504
spinach	spinat	498
stomach	mage	734
stone	sten	397
store	butik	

strawberry	jordgrubbe	490
sun	sol	569
Sunday	söndag	586
sweater	tröja	645
swimsuit	badedräkt	388
tax	skatt	427
temperature	temperature	574
than	än	161
thank you	tack	69
that	att	97
the	den	90
their	deras	128
them	dem	158
then	sedan	162
there	där	127
they	de	115
they	de	296
thing	ting	196
thing	ting	
thirsty	törstig	780
this	detta	110
Thursday	torsdag	583
ticket	biljet	539
time	tid	82
time	tid	144
time	tid	191
tired	trött	778
to	till	92
to	till	265
to ask	att be	232
to be	att vara	215
to become	att bli	239
to believe	att syne	234

to call	att ringe	238
to come	att komma	225
to do	att göre	217
to drink	att dricka	467
to eat	att äta	468
to feel	att känna	235
to find	att hitta	230
to flush	att spola	797
to get	att få	219
to give	att ge	228
to go	att gå	221
to haggle	pruta	706
to happen	att hända	
to have	att ha	216
to know	att veta	222
to leave	att lämna	237
to loan	att låne	
to look	att vise	224
to make	att förberede	220
to miss	missade	536
to need	att behöve	441
to open	öppna	429
to own	att äge	860
to read	att läse	812
to say	att säga	218
to see	att vise	224
to shop	att handla	690
to take	att ta	223
to tell	att tala	231
to tell	säga	420
to think	att tänke	226
to try	att försöke	236
to use	att använda	229

to want	att vilja	227
to wash	att tvätta	798
to work	att arbetar	233
today	I dag	83
tommorrow	I morgon	84
toothbrush	tandborste	659
towel	handduk	662
training	utbildning	883
trash	soporna	858
travel	resa	349
treatment	behandling	747
treats	behandlar	394
tree	träd	385
truly	virkligt	154
Tuesday	tirsdag	581
umbrella	paraply	390
underwear	underkläder	647
up	opp	131
us	oss	190
usually	vanligen	
vacation	semester	817
vegetables	grönsaker	493
voluntary	frivilligt	882
wager	insats	419
walnuts	valnotter	509
water	vatten	382
waves	vaagor	383
way	väg	180
we	vi	116
weather	väder	565
Wednesday	onsdag	582
weeks	uker	625
well	väl	179

143

west	väst	343
what	vad	76
what	vad	129
when	då	77
when	när	140
where	var	75
which	vilken	81
while	medan	
white	vit	788
who	vem	135
wife	fru	31
will	kommer	122
win	vinna	418
wind	vind	570
wine	vin	471
with	med	104
with	med	270
woman	kvinna	204
work	arbete	177
world	världen	198
would	skulle	126
year	år	152
years	år	624
yellow	gul	784
yes	ja	63
yesterday	I går	85
yogurrt	yoghurt	503
you	ni / du	107
young	ung	258
yours	din	153

Svenska	English	Entry #
advokat	lawyer	354
after	after	172
aldrig	never	66
alla	all	125
allergi	allergies	714
allmän	public	261
alltid	always	67
än	than	161
andra	other	160
annorlunda	different	253
apelsin	orange	487
apotek	pharmacy	754
äpple	apple	486
är	be	91
år	years	624
arbete	work	177
arg	angry	773
arm	arm	729
armén	army	881
återvinna	recycle	859
att	that	97
att äge	to own	860
att använda	to use	229
att arbetar	to work	233
att äta	to eat	468
att be	to ask	232
att behöve	to need	441
att bli	to become	239
att dricka	to drink	467
att få	to get	219
att förberede	to make	220
att försöke	to try	236

145

att gå	to go	221
att ge	to give	228
att göre	to do	217
att ha	to have	216
att hända	to happen	
att handla	to shop	690
att hitta	to find	230
att känna	to feel	235
att komma	to come	225
att lämna	to leave	237
att låne	to loan	
att läse	to read	812
att ringe	to call	238
att säga	to say	218
att spola	to flush	797
att syne	to believe	234
att ta	to take	223
att tala	to tell	231
att tänke	to think	226
att tvätta	to wash	798
att vara	to be	215
att veta	to know	222
att vilja	to want	227
att vise	to look	224
att vise	to see	224
av	by	272
av	of	93
badedräkt	swimsuit	388
bagage	luggage	332
baksmälla	hangover	781
banan	banana	489
bara	just	146
behandlar	treats	394

146

behandling	treatment	747
ben	leg	730
bensin	gasoline	753
biff	beef	479
bil	car	860
biljet	ticket	539
billig	cheap	
blå	blue	783
blåbär	blueberry	491
blöja	diaper	646
blomkål	cauliflower	500
blond	blond	741
blus	blouse	637
boende	housing	869
bönor	beans	497
bra	good	155
bröd	bread	505
brokkoli	broccoli	499
brun	brown	742
butik	shop	348
butik	store	
byta	exchange	424
byxor	pants	634
ca	about	134
cirka	approximately	842
cykel	bicycle	346
då	when	77
dager	days	624
dålig	bad	262
där	there	127
datum	date	588
de	they	296
delen	part	201

147

dem	them	158
den	it	100
den	the	90
deprimerad	depressed	776
deras	their	128
detta	this	110
din	yours	153
dotter	daughter	33
duk	skin	733
dusch	shower	792
dyrt	expensive	865
eftersom	because	113
egen	own	247
eller	or	120
eller	or	299
en	a	95
en gång	one time	810
endast	only	165
enligt	beneath	280
ett	one	124
faktiskt	actually	
faktum	fact	214
fakturera	bill	428
fall	case	208
familj	family	29
fängelse	jail	562
far	father	42
fare	danger	328
film	movie	350
fin	nice	578
fisk	fish	482
flera	several	321
flyg	flight	533

flygbolaget	airline	534
flygplats	airport	530
folk	people	
för	for	101
förändring	change	336
förändring	change	525
förbjuden	forbidden	329
foretag	business	351
försäljning	sale	704
först	first	242
fot	foot	732
fraan	from	273
från	from	114
fredag	Friday	584
frivilligt	voluntary	882
fru	wife	31
frukt	fruit	485
gammal	old	249
gjort	made	475
glasögon	glasses	391
god	good	240
grå	grey	790
grader	degrees	
gratis	free	542
gravid	pregnant	719
gris	pork	483
grön	green	785
grönsaker	vegetables	493
grupp	group	212
gul	yellow	784
ha/har	have	98
hallon	raspberry	492
hals	neck	727

halsduk	scarf	642
hälse	health	375
halv	half	616
han	he	105
hand	hand	731
handduk	towel	662
händelsen	event	418
hans	his	112
hår	hair	736
hatt	hat	631
hej	hi	3
henne	her	118
hode	head	721
höger	right	
hon	she	119
höy	high	252
hungrig	hungry	779
hyrbil	rental car	763
i	in	96
I dag	today	83
I går	yesterday	85
I morgon	tommorrow	84
in	into	151
ingaang	entrance	325
ingenting	nothing	320
inkom	income	867
insats	wager	419
inte	not	65
inte	not	102
intresse	interest	
invandrare	immigrant	843
ja	yes	63
jacka	jacket	643

jag	I	99
jordgrubbe	strawberry	490
jordnötter	peanuts	508
kallt	cold	395
kallt	cold	566
känna	know	148
karta	map	
kavaj	coat	644
kemi	chemistry	366
kjol	dress	638
kläderna	clothes	625
kock	cook	361
kommer	will	122
kontanter	cash	335
konto	account	429
kontor	office	352
kort	card	
kött	meat	478
kreditkort	credit card	452
kryddor	spices	504
kunde	could	157
kunna	able	264
kväll	evening	86
kvart	quarter	615
kvart	quarter hour	
kvinna	woman	204
kvitto	receipt	426
kyckling	chicken	480
laangt	far	340
läkare	doctor	355
länd	country	826
lång	long	244
läsk	soda	472

lax	salmon	512
ledsen	sad	774
liknar	similar	749
liten	little	246
liten	small	254
liv	life	199
ljus	light	
lök	onions	501
lördag	Saturday	585
lukt	smell	800
lycklig	happy	775
lycklig	lucky	
maanga	many	322
mage	stomach	734
majs	corn	496
mamma	mother	43
man	husband	30
måndag	Monday	580
mandlar	almonds	510
maneder	months	626
många gånger	many times	809
människor	people	150
människor	people	
mat	food	
med	with	104
med	with	270
medan	while	
medicin	medicine	712
men	but	111
meny	menu	465
mest	most	189
miljö	environment	857
min	my	123

mindre	less	316
minutter	minutes	622
missade	to miss	536
mission	mission	
misstag	mistake	74
mjölk	milk	474
möjlig	possible	
molnigt	cloudy	568
mörk	dark	
morötter	carrots	495
mun	mouth	724
mycket	a lot	319
naa	now	163
naagon	any	185
naagra	some	156
några	few	260
när	when	140
närhete	nearby	456
näsa	nose	725
näste	next	256
natt	night	8
nej	no	64
ni / du	you	107
norr	north	344
nötter	nuts	507
ny	new	182
ny	new	241
nyckel	key	446
nyligen	lately	
och	and	94
ocksaa	also	170
ofta	often	813
ögon	eyes	722

öl	beer	470
om	if	133
omedelbart	immediately	
onsdag	Wednesday	582
ont	pain	708
opp	up	131
öppna	to open	429
örhängen	earrings	653
öron	ears	723
oss	us	190
ost	cheese	502
öst	east	342
ovan	above	281
på	on	103
paa	at	271
papper	paper	796
paraply	umbrella	390
päron	pear	488
pass	passport	334
pengar	money	
pensionerad	retired	365
personer	persons	464
plats	place	529
poäng	point	209
polis	police	549
potatis	potatoes	494
problem	problem	213
pruta	to haggle	706
purpur	purple	787
rabatt	discount	705
räka	shrimp	481
Räkor	shrimp	511
rätt	right	250

154

regering	gov't	210
regn	rain	398
resa	travel	349
ris	rice	506
röd	red	744
rygg	back	728
så	so	130
saft	juice	473
säga	say	117
säga	to tell	420
säkerhet	security	560
säljare	salesperson	358
sallad	salad	484
samma	same	263
sand	sand	381
säng	bed	435
såsom	example	804
satt	set	380
schampo	shampoo	657
sedan	then	162
semester	vacation	817
sida	page	
sida	side	
sista	last	243
sjuk	sick	777
skägg	beard	739
skatt	tax	427
ski	ski	411
skola	school	840
skor	shoes	633
skulle	would	126
skydd	shelter	573
släktingar	relatives	35

sluta	finish	577
söder	south	345
sol	sun	569
som	as	106
son	son	32
söndag	Sunday	586
soporna	trash	858
sorry	sorry	28
spark	kick	402
spinat	spinach	498
stand	city	821
sten	stone	397
stol	chair	387
stor	big	251
stor	great	245
stor	large	255
straff	penalty	406
strand	beach	337
stuga	cabin	821
svart	black	743
tack	thank you	69
talar	speak	88
tandborste	toothbrush	659
temperature	temperature	574
tid	time	82
tid	time	144
tid	time	191
tidlig	early	257
till	to	92
till	to	265
tillbaka	back	171
timer	hours	623
ting	thing	196

ting	thing	
tirsdag	Tuesday	581
tjänst	service	884
toalett	bathroom	793
torsdag	Thursday	583
törstig	thirsty	780
träd	tree	385
trevligt	nice	15
tröja	sweater	645
trott	tired	778
tull	customs	333
tull	customs	769
tvål	soap	656
typ	kinds	802
uker	weeks	625
underhållning	entertainment	526
underkläder	underwear	647
ung	young	258
ut	out	132
utbildning	training	883
utgaang	exit	326
utlänning	foreigner	89
vaagor	waves	383
vaar	our	176
vad	what	76
vad	what	129
väder	weather	565
väg	way	180
väl	well	179
valnotter	walnuts	509
vän	friend	39
vanligen	usually	
vänligen	please	68

157

vanligt	common	843
vanskelig	difficult	846
vänster	left	
var	where	75
världen	world	198
varmt	hot	565
väst	west	343
vatten	water	382
vem	who	135
vetenskap	science	
vi	we	116
vid	at	109
viktig	important	259
vilken	which	81
vin	wine	471
vind	wind	570
vinna	win	418
virkligen	really	72
virkligt	truly	154
vit	white	788
yoghurt	yogurrt	503

Made in the USA
Middletown, DE
03 December 2017